Georg Jellinek

Österreich-Ungarn und Rumänien in der Donaufrage

Georg Jellinek

Österreich-Ungarn und Rumänien in der Donaufrage

ISBN/EAN: 9783743333246

Hergestellt in Europa, USA, Kanada, Australien, Japan

Cover: Foto ©ninafisch / pixelio.de

Manufactured and distributed by brebook publishing software (www.brebook.com)

Georg Jellinek

Österreich-Ungarn und Rumänien in der Donaufrage

ÖSTERREICH-UNGARN

UND

RUMÄNIEN

IN DER

DONAUFRAGE.

EINE

VÖLKERRECHTLICHE UNTERSUCHUNG

VON

DR. GEORG JELLINEK,

A. O. PROFESSOR DES STAATSRECHTES AN DER UNIVERSITÄT WIEN.

WIEN, 1884.
ALFRED HÖLDER,
K. K. HOF- UND UNIVERSITÄTS-BUCHHÄNDLER.
ROTHENTHURMSTRASSE 15.

Eine Aufforderung des Herrn Professors Grünhut, die drei Publicationen deutscher Fachmänner über die Donaufrage in der von ihm herausgegebenen Zeitschrift für Privat- und öffentliches Recht zu recensiren, hat mich zu eingehendem Studium des einschlägigen Materiales veranlasst. So entstand denn an Stelle der projectirten Kritik die vorliegende Schrift. Sie ist weder im officiellen Auftrage geschrieben, noch hat die österreichisch-ungarische oder eine andere Regierung irgend welche Kunde von ihrem bevorstehenden Erscheinen. Aber ich gestehe, dass ich mit Freuden die Feder ergriffen habe, weil ich in der Lage war, die Sache des Staates, dem ich angehöre, gegen ungerechtfertigte Angriffe vertheidigen zu können.

Wien, 6. Januar 1884.

Georg Jellinek.

Als ein erfreuliches Zeichen für das erstarkende internationale Rechtsbewusstsein muss es angesehen werden, wenn heute ein Staat im politischen Kampfe das Völkerrecht als höchste Instanz anruft und bei dem Mangel eines Völkertribunales die Männer der Wissenschaft um richterlichen Spruch angeht, im Vertrauen auf das moralische Gewicht, welches dem Urtheile des unbefangenen Gelehrten von der öffentlichen Meinung beigemessen werden wird. Es ist daher von hohem Interesse für die wachsende praktische Bedeutung des Völkerrechtes, dass Rumänien in Deutschland drei Anwälte von gewichtigem Namen gefunden hat, die es unternommen haben, seine Haltung in der Donaufrage gegenüber der Londoner Conferenz im Frühjahr 1883 zu prüfen und zu rechtfertigen. [1])

Jeder Versuch jedoch, eine actuelle politische Streitfrage vom Standpunkte des Völkerrechtes zu lösen,

---

[1]) Dr. Franz v. Holtzendorff, Professor in München, Mitglied des völkerrechtlichen Institutes, *Rumäniens Uferrechte an der Donau. Ein völkerrechtliches Gutachten*. Leipzig, Duncker und Humblot. — Dr. Felix Dahn, o. ö. Professor des Staatsrechtes an der k. Albertus-Universität zu Königsberg, *Eine Lanze für Rumänien. Eine völkerrechtliche und geschichtliche Betrachtung*. Leipzig, Breitkopf und Härtel. — F. Heinrich Geffcken, *ancien ministre-résident et professeur de droit public, La question du Danube. Avec deux cartes*. Berlin, H. W. Müller.

bietet bei dem gegenwärtigen Stande der Wissenschaft eine grosse und schwer zu vermeidende Gefahr dar. Die völkerrechtlichen Festsetzungen sind nämlich vielfach noch so unklar und vage, dass fast jeder Schriftsteller, oft unbewusst, der Versuchung verfällt, da wo ihn das positive Recht im Stich lässt, die auf dem Principe der materiellen Gerechtigkeit aufgebaute *lex ferenda* für eine *lex lata* zu halten, der allgemeine Anerkennung zu zollen sei. Durch Deductionen dieser Art wird aber der Sache des Völkerrechtes geschadet; denn einerseits wird das allgemeine Bewusstsein von der Natur des Völkerrechtes als eines geltenden Rechtes getrübt, andererseits ist es sehr leicht, wenn man sich einmal auf das weite Gebiet der materiellen Gerechtigkeit begeben hat, von hier aus auch Argumente für die gegnerische Sache zu finden, so dass schliesslich der Rechtsstreit in einen Streit subjectiver Meinungen ausläuft über das, was gegebenen Falles gerecht, billig und löblich wäre. Wenn nun auch die Anerkennung des Völkerrechtes Fortschritte macht, so muss man sich wohl noch lange mit dem Glauben an eine bessere Zukunft trösten, ehe die **Völkermoral** als eine reale Macht die politischen Bewegungen beherrschen wird.

Es ist im Interesse der Theorie und Praxis des Völkerrechtes gelegen, dass innerhalb der Grenzen derselben ein breites Gebiet für die heutige Staatenwelt anerkannt wird, auf dem sich die politischen Interessen entgegentreten und versöhnen können, ein Gebiet, das nicht sowohl von den Regeln des Rechtes, als vielmehr der Staatskunst beherrscht wird. Die von dem Macht- und Selbsterhaltungstriebe der Staaten geleitete **Politik** fordert unerbittlich ihre Anerkennung für ihre freie Thätigkeit. Die Beziehungen von Staat zu Staat lassen sich nicht durch Rechtsregeln allein beherrschen.

Dem Fehler, die freie Thätigkeit der Staaten unter angebliche Rechtsregeln beugen zu wollen, sind meines Erachtens die drei deutschen Anwälte der rumänischen Donaupolitik nicht entgangen. Ich werde versuchen, im Folgenden zu zeigen, dass die Situation Rumäniens in Folge der Londoner Conferenz der Judicatur des Völkerrechtes gar nicht unterliegt, d. h. dass sich vom juristischen Standpunkte aus gar keine Entscheidung gewinnen lässt, wie sich die Dinge an der unteren Donau im **gegenwärtigen Momente** zu gestalten haben. Nicht Recht gegen Unrecht, sondern Interesse gegen Interesse steht hier im Kampfe gegeneinander. Nicht um einen Rechtsfall, sondern um eine rein politische Frage handelt es sich.

Ich werde diesen Versuch unternehmen mit Berührung der hier einschlagenden völkerrechtlichen Probleme, namentlich mit, eingehender Beachtung des von den Vertheidigern Rumäniens nicht genug gewürdigten und auch nicht genug gekannten positiven Materiales in Hinsicht auf die Schifffahrt auf internationalen Flüssen.

I.

In der Darstellung des *status causae et controversiae* kann ich mich kurz fassen. Die Entwickelung des Rechtes der freien Schifffahrt auf der Donau seit dem Pariser Congresse ist von Geffcken in so vortrefflicher Weise dargestellt und auch von v. Holtzendorff so übersichtlich zusammengefasst worden, dass es an dieser Stelle wohl genügt, wenn ich die Ereignisse seit dem Berliner Congresse recapitulire.

Der Berliner Congress hat bezüglich der Donau folgende Beschlüsse gefasst:

Art. 52. Afin d'accroître les garanties assurées à la liberté de la navigation sur le Danube reconnue comme étant d'intérêt européen, les Hautes Parties contractantes décident que toutes les forteresses et fortifications qui se trouvent sur le parcours du fleuve depuis les Portes de Fer jusqu'à ses embouchures seront rasées et qu'il n'en sera pas élevé de nouvelles. Aucun bâtiment de guerre ne pourra naviguer sur le Danube en aval des Portes de Fer, à l'exception des bâtiments légers destinés à la police fluviale et au service des douanes. Les stationnaires des Puissances aux embouchures du Danube pourront toutefois remonter jusqu'à Galatz.

Art. 53. La Commission Européenne du Danube, au sein de laquelle la Roumanie sera représentée, est maintenue dans ses fonctions et les exercera dorénavant jusqu'à Galatz dans une complète indépendance de l'autorité territoriale. Tous les traités, arrangements, actes et décisions relatifs à ses droits, priviléges prérogatives et obligations sont confirmés.

Art. 54. Une année avant l'expiration du terme assigné à la durée de la Commission Européenne, les Puissances se mettront d'accord sur la prolongation de ses pouvoirs ou sur les modifications qu'elles jugeraient nécessaires d'y introduire.

Art. 55. Les réglements de navigation, de police fluviale et de surveillance depuis les Portes de Fer jusqu'à Galatz seront élaborés par la Commission Européenne, assistée de délégués des États Riverains et mis en harmonie avec ceux qui ont été ou seraient édictés pour le parcours en aval de Galatz.

Art. 56. La Commission Européenne du Danube s'entendra avec qui de droit pour assurer l'entretien du phare sur l'île des Serpents.

Art. 57. *L'exécution des travaux destinés à faire disparaître les obstacles que les Portes de Fer et les Cataractes opposent à la navigation est confiée à l'Autriche-Hongrie. Les États Riverains de cette partie du fleuve accorderont toutes les facilités qui pourraient être requises dans l'intérêt des travaux.*

Les dispositions de l'article VI du Traité de Londres du 13 mars 1871 relatives au droit de percevoir une taxe provisoire pour couvrir les frais de ces travaux sont maintenues en faveur de l'Autriche-Hongrie.

In Folge der Bestimmung des Artikels 53 sandte Rumänien einen Delegirten in die europäische Donau-Commission und unterzeichnete als mitbeschliessende Macht die Zusatzacte vom 28. Mai 1881 zum *acte public* vom 2. November 1865 bezüglich der Schifffahrt in den Donaumündungen.

Um den Artikel 55 zur Ausführung zu bringen, setzte die europäische Commission am 17. December 1879 ein Comité ein, bestehend aus den Vertretern des Deutschen Reiches, Oesterreich-Ungarns und Italiens, zum Zwecke der Ausarbeitung eines Vorschlages des Reglements für die Strecke vom Eisernen Thor bis Galatz. In dem von dieser Commission ausgearbeiteten „*avant-projet*" war zur Ueberwachung der Ausführung des Schifffahrtsreglements eine „*commission mixte*" in Aussicht genommen, zusammengesetzt aus den Vertretern der Uferstaaten Serbien, Rumänien, Bulgarien, und dem Oesterreich-Ungarns, welch' letzterem nicht nur das Präsidium, sondern auch bei Stimmengleichheit ein decisives Votum zukommen sollte. Gegen diese präponderirende Stellung, welche Oesterreich-Ungarn zugedacht war, erhoben die Uferstaaten in der europäischen Commission energischen Protest.

Das *avant-projet* wurde fallen gelassen und Ende Mai 1882 kam der Vorschlag des französischen Delegirten Barrère zur Verhandlung. Diesem zu Folge sollte die *commission mixte* aus den Vertretern der Uferstaaten, jenem Oesterreich-Ungarns und aus einem Delegirten der europäischen Commission bestehen. Dieser sollte in der Art entsendet werden, dass alle sechs Monate der Vertreter einer anderen Macht, nach der alphabetischen Ordnung derselben, mit Sitz und Stimme in die *commission mixte* eintreten würde. Wenn die alphabetische Ordnung einen Delegirten der bereits in der Commission vertretenen Mächte (also Oesterreich-Ungarns und Rumäniens) berufen sollte, so hätte die betreffende Macht während dieser Zeit über zwei Stimmen zu verfügen. Der Vorsitz in der Commission sollte Oesterreich-Ungarn gebühren, die Beschlüsse derselben mit Majorität gefasst werden.

Die Proposition Barrère's erhielt die Stimme aller Mächte, mit Ausnahme der Rumäniens, welches beharrlichen Widerstand leistete, indem es zwar die Absendung eines Mitgliedes der europäischen Commission in die *commission mixte* selbst proponirte, jedoch gegen die Theilnahme Oesterreich-Ungarns an derselben aus eigenem Rechte energisch protestirte.

Am 8. Februar 1883 traten in London die Signatarmächte des Berliner Vertrages zusammen, um über die Ausführung der Artikel 54 und 55 zu beschliessen. Rumänien hatte schliesslich sich bereit erklärt, Oesterreich-Ungarn auf dem Wege eines europäischen Mandates sowohl die Mitgliedschaft als das Präsidium in einer zu creirenden „*commission de surveillance*" zuzugestehen. Die Conferenz, von der Ansicht ausgehend, dass sie eine europäische Angelegenheit zu ordnen berufen sei, beschloss zwar Rumänien einzuladen, jedoch ihm nur berathende Stimme zuzuerkennen. Rumänien protestirte dagegen, betheiligte sich in keiner Weise an der Conferenz und erklärte die Beschlüsse derselben als unverbindlich für sich.

Die Conferenz jedoch beschloss im Vertrage vom 10. März 1883: [a])

1. Die Ausdehnung der Jurisdiction der europäischen Commission von Galatz bis Braïla und die vorläufige Verlängerung der Vollmachten derselben bis 24. April 1904. (Art. 1 u. 2.)

2. Die Ausscheidung der Kiliamündung aus dem Controlgebiet der europäischen Commission und die Unterstellung des russo-rumänischen Theiles des Kiliaarmes unter die gemäss den Reglements für die Sulinamündung zu übende Aufsicht des russischen und rumänischen Delegirten in der europäischen Commission. (Art. 3 u. 4.)

3. Die Adoptirung des von der europäischen Commission auf Grund des Barrère'schen Antrags in der Sitzung vom 2. Juni 1882 — allerdings gegen den Widerspruch Rumäniens — acceptirten Reglements für die Strecke vom Eisernen Thor bis Braïla. (Art. 7.)

Die für unsere Zwecke wichtigsten Bestimmungen dieses Reglements sind folgende:

1. Einsetzung einer „*commission mixte du Danube*" mit dem Sitze in Giurgewo, bestehend aus je einem Delegirten Oesterreich-Ungarns, Bulgariens, Rumäniens und Serbiens und der europäischen Commission. Letzterer wird auf sechs Monate nach der alphabetischen Ordnung der Staaten, jedoch unter Ausschluss der bereits in der Commission vertretenen Staaten, entsendet. Oesterreich-Ungarn führt den Vorsitz. **Die Dauer**

---

[a]) Vgl. Anhang Nr. 1.

der *commission mixte* ist auf jene der europäischen Commission beschränkt. Sie fasst ihre Entscheidungen mit Majorität der Stimmen. Die Verwaltungskosten werden derart getragen, dass Oesterreich-Ungarn $4/10$, Rumänien $4/10$ und Bulgarien und Serbien je $1/10$ auf sich nehmen.

2. Ernennung eines Inspectors durch die *commission mixte*, von Unter-Inspectoren und Hafen-Capitänen durch die Uferstaaten. Der Inspector hat die Anwendung des Reglements zu überwachen und die Unter-Inspectoren und Hafencapitäne sind ihm in dieser Hinsicht untergeordnet. Die Strompolizei wird von den Inspectoren und Hafen-Capitänen gehandhabt. Die Appellation gegen ihre Urtheile geht an die *commission mixte*, welche in letzter Instanz entscheidet.[3])

Da die Conferenz erklärte, dass der Londoner Vertrag erst dann als perfect gelten könnte, wenn die Uferstaaten den Beschlüssen der Grossmächte ihre Zustimmung gegeben haben würden, so wurde der den Vorsitz führende Vertreter Englands beauftragt, gemeinsame Schritte der Mächte herbeizuführen, um die Uferstaaten zur Adhäsion zu bewegen, innerhalb der für die Auswechslung der Ratificationen bestimmten sechsmonatlichen Frist.

Rumänien jedoch beharrte in seiner ablehnenden Haltung, indem es sowohl die Nichtzulassung zur Conferenz als stimmberechtigtes Mitglied, als auch die Verletzung anerkannter Sätze des internationalen Flussschiffahrtsrechtes als Gründe seines Verhaltens angab.[4])

---

[3]) Vgl. Anhang Nr. 2.

[4]) Vgl. zur Beurtheilung des rumänischen Standpunktes die Depeschen des rumänischen Ministers des Aeussern an den Gesandten in London vom 10. December 1882, 1. Februar 1883 und 24. Mai 1883 in dem unter dem Titel: Cestiunea Dunarei. *Acte si documente.*

II.

Untersuchen wir zunächst die Behauptung Rumäniens, dass durch die Weigerung, ihm eine entscheidende Stimme zuzugestehen, die Londoner Conferenz das Völkerrecht verletzt habe.

In der Sitzung der Conferenz vom 10. Februar erklärte sich der deutsche Bevollmächtigte, Graf Münster, gegen die Zulassung Rumäniens *„sur le même pied que les Grandes Puissances"*. Die Conferenz behandle eine europäische Angelegenheit und deshalb könne man Rumänien kein decisives Votum zugestehen. Es würde sonst den Grossmächten gleichgestellt und hätte bei dem Principe der Einstimmigkeit, das auf Conferenzen herrscht, das Recht des Veto gegenüber den Beschlüssen der Grossmächte. Daher könne es nur zugelassen werden *„en qualité d'invitée et non comme maîtresse de maison"*. Der österreichisch-ungarische Bevollmächtigte schloss sich den Ausführungen des deutschen an, trotzdem er nichts gegen die Zulassung Rumäniens als stimmberechtigten Mitgliedes einzuwenden gehabt hätte und hierauf beschloss die Conferenz, Rumänien (und Serbien) nur mit einem consultativen Votum zuzulassen *(la conférence décide qu'elle invitera la Roumanie et la Serbie à assister à ses séances afin de les consulter et de les entendre)*. In der folgenden Sitzung wurde auf den Antrag des italienischen Bevollmächtigten diese Entscheidung damit motivirt, dass die Conferenz sich betrachte *„en quelque sorte"* als die Verlängerung und Fortsetzung des Berliner Congresses, an dem

---

Bucuresci 1883, von dem rumänischen Ministerium des Aeussern herausgegebenen Grünbuche, p. 807, 811 u. 905, (auch abgedruckt bei Dahn), welche v. Holtzendorff die meisten, Dahn alle Argumente für seine Ausführungen geliefert haben.

Rumänien nicht als Signatarmacht Theil genommen habe. Rumänien protestirte gegen den Conferenzbeschluss, nachdem es schon früher das Aachener Protokoll vom 15. November 1818 als Rechtsquelle für seine Ansprüche angerufen hatte, da dort die Mächte bezüglich ihrer Vereinigungen beschlossen hätten „*que dans le cas, où ces réunions auraient pour objet des affaires spécialement liées aux intérêts des autres États de l'Europe, elles n'auront lieu qu'à la suite d'une invitation formelle de la part de ces États que les dites affaires concerneraient et sous la réserve expresse de leur droit d'y participer directement ou par leurs plénipotentiaires*". In Folge seiner dreifachen Stellung als Uferstaat, als Mitglied der europäischen Commission, als Mitunterzeichner der Additionalacte vom 28. Mai 1881 hätte ihm die gleiche Stellung in der Conferenz gebührt, wie den Berliner Signatarmächten.[5])

Es ist auf den ersten Blick klar, dass es noch sehr des Beweises bedarf, dass in dem citirten Aachener Protokoll ein anerkannter Satz des Völkerrechtes enthalten sei, wie dies **Bluntschli** behauptet.[6]) Vom streng juristischen Standpunkte aus wird man vielmehr diese Bestimmung auf gleiche Linie stellen müssen, mit Art. V des Prager Friedens, wo Oesterreich und Preussen

---

[5]) Note des rumänischen Bevollmächtigten an den Präsidenten der Conferenz. *Annexe A au Protocole No. 2 du 10 février, 1883.*

[6]) Das moderne Völkerrecht, 3. Aufl., Art. 105. Wenn **Bluntschli** Art. 106 die Ertheilung gleichen Stimmrechtes an den eingeladenen Staat als Requisit des Völkerrechtes bezeichnet, so muss er doch zugeben, dass aus der Staatenpraxis dieser Satz sich nicht deduciren lässt. Der jüngste Bearbeiter des Völkerrechtes, F. **Martens**, Völkerrecht, I., S. 227, paraphrasirt nur den Aachener Beschluss, indem er fordert, dass derjenige Staat, um den es sich gerade handelt, zur Theilnahme heranzuziehen sei und constatirt ebenfalls die von diesem Grundsatze oft abweichende Praxis.

zu Gunsten einer dritten Macht stipulirten. So wenig Dänemark aus diesem Vertragsartikel ein Recht auf die Retrocession des nördlichen Schleswig erwuchs, so wenig können dritte Staaten für sich ein R e c h t aus dem Beschlusse des Aachener Congresses deduciren, wenn man diesen Beschluss nach der bekannten für Staatenverträge geltenden Regel s t r i c t e interpretirt. Sehen wir jedoch an dieser Stelle ab von diesem gewichtigen Einwande und nehmen wir an, dass das Aachener Protokoll, geleitet von den Forderungen der Billigkeit, einen völkerrechtlichen Grundsatz aussprach, und beantworten wir die Frage, ob das Verhalten der Mächte gegenüber Rumänien dem im Aachener Protokoll niedergelegten Grundsatze widersprach.

Im Aachener Protokoll ist nur ausgesprochen, dass Nichts über die Angelegenheiten eines Staates entschieden werden solle, ohne dass derselbe „an der Vereinigung theilnehme". Dass dieses Recht der Theilnahme zu deuten sei im Sinne eines Mitbeschliessungsrechtes, ist damit nicht gesagt worden. Nur die Verpflichtung der Mächte, den Staat, um dessen Angelegenheiten es sich handelt, einzuladen und zu hören, geht aus dem Beschlusse des Aachener Congresses hervor. Nur in diesem Sinne ist er in neuerer Zeit consequent von den Mächten interpretirt worden, wenn auch nicht geleugnet werden kann, dass er manchmal ganz unbefolgt blieb. So wurde, um ein für die vorliegende Frage interessantes Beispiel zu wählen, auf dem Pariser Congresse die Einsetzung der Uferstaatencommission mit Aufgaben, welche von den Grundsätzen vom Jahre 1815 abwichen (vgl. unten S. 20), ohne vorhergehende Einladung Bayerns und Württembergs beschlossen. Aus der jüngsten Zeit jedoch bieten die Vereinigungen zur Erörterung der orientalischen

Angelegenheiten eine Reihe von schlagenden Beispielen dar für die Auslegung, welche die Mächte der von ihnen getroffenen Verabredung geben. Auf der Pariser Conferenz von 1869 wurden griechische Angelegenheiten verhandelt, ohne dass Griechenland Stimmrecht erhalten hätte; den für souverän erklärten Staaten Rumänien, Serbien und Montenegro wurden auf dem Berliner Congresse Verpflichtungen auferlegt, ohne dass diesen Staaten ein Mitbeschliessungsrecht eingeräumt worden wäre. Damals hat man Nichts von rumänischen Protesten gehört, trotzdem es **völkerrechtlich** keinen Unterschied machen kann, ob man einem Staate im Momente seiner Anerkennung oder späterhin Verpflichtungen auferlegt. Und damals hätten die Mächte, wenn sie nur einig gewesen wären, ohne auf den geringsten Widerstand zu stossen, Rumänien die ihm im Londoner Vertrag zugedachte Stelle anweisen können, so gut als sie ihm das Verbot der Errichtung von Festungen an der Donau und das Gebot der Ausdehnung der Vollmachten der europäischen Commission auferlegt hatten!

Wenn man die Protokolle der Londoner Conferenz durchliest, so findet man, dass sowohl von den Berliner Signatarmächten, als auch von **Serbien** die Beiziehung zur Conferenz mit blos berathender Stimme, als ein „Theilnehmen" bezeichnet wird. Der Vertreter Serbiens erklärt, in Erwiderung auf den Beschluss der Conferenz, dass seine Regierung sich zufrieden gebe mit der Stellung, welche ihr auf der Conferenz eingeräumt werde *„prenant en considération, d'une part, que par cette décision la Conférence n'a pas pu avoir l'intention de contester à la Serbie le droit que, comme État Souverain et Riverain du Danube, elle puise dans le droit des gens"* [7]) und verlangt in der Schlusssitzung

---

[7]) *Protocole No 3. Séance du 13 février, 1883.*

der Conferenz zugelassen zu werden zur Signirung der Protokolle: „*Cette formalité est, selon lui, la conséquence logique de la part, qu'il a prise aux travaux de la Conférence*", und als sich Stimmen dagegen erheben, erklärt er, dass er nicht habe „*la prétension d'affirmer qu'il en eût le droit*". Auch Serbien kann sich, so gut wie Rumänien, auf das Aachener Protokoll berufen! Wie will Rumänien beweisen, dass seine Auffassung des Wortes „*participer*" die authentische Interpretation desselben bedeute?

Man mag über das Concert der Grossmächte denken wie man will, es ist nun einmal eine existirende gewaltige politische Macht, mit deren Dasein das Völkerrecht rechnen muss. Man mag die Ansprüche der Mächte, als hoher Rath Europas zu fungiren, insoweit bekämpfen, als ihr Gebahren im offenen Widerspruche steht mit der anerkannten Ordnung des Rechtes. Aber soviel muss zugegeben werden, dass es nichts Rechtswidriges enthält, wenn sechs oder sieben Staaten collectiv einem anderen eine Vertragsofferte, die sie unter einander vereinbart haben, machen sollten. Etwas Anderes wäre es, wenn diese *res inter tertios acta* für den nicht mitstimmenden Staat ohne Weiteres als verbindlich erklärt würde. Ein solches Ansinnen wäre entschieden völkerrechtswidrig. Nur der freie Wille des Staates kann ihn durch einen Vertrag verpflichten.

Das Völkerrecht erkennt aber kein anderes Erforderniss für den Abschluss von Verträgen als Consens. Wie dieser Consens ertheilt wird: ob ausdrücklich oder stillschweigend, ob durch Theilnahme am Abschlusse des Vertrages selbst oder durch Accession, eventuell Adhäsion an den bereits für Dritte verbindlichen Vertrag ist für die juristische Forderung der freien Willenseinigung gänzlich irrelevant. Und ebenso ist es für das Völkerrecht gleichgiltig, durch welche Mittel ein Staat zum Anschluss an einen Vertrag bewogen wird, sofern nur keine directe Gewaltmassregel den Vertragsabschluss herbeiführt. So lange kein feindseliges Verhalten gegen den Staat eintritt, dessen Zustimmung man wünscht, enthält sich das Völkerrecht jedes Urtheiles über die Mittel, durch welche man zum Ziele gelangt. Hier mag die Politik mit allem ihr zu Gebote stehenden Rüstzeug den Kampf ausfechten, ohne dass die privatrechtlichen Sätze über *vis ac metus* auf den rechtlichen Erfolg ihrer Bemühungen anzuwenden wären.

Die vorstehenden Dogmen können als *communis opinio* aller Völkerrechtslehrer gelten. In jedem Compendium des Völkerrechts finden wir den Satz, dass keine formellen Erfordernisse für den Abschluss eines Staatenvertrages existiren. Und was die Befugnisse der Politik anbelangt, so kann man wohl keine bessere Autorität citiren als Bluntschli, der so oft seine frommen Wünsche mit dem positiven Völkerrecht verwechselt. Dieser lehrt nämlich über die Grenzen staatlicher Willensfreiheit: „Es wird angenommen, die Willensfreiheit des Staates sei nicht aufgehoben, wenngleich der Staat in seiner Noth und Schwäche genöthigt ist, den Vertrag einzugehen, wie ihn ein übermächtiger anderer Staat ihm vorschreibt." [*]

Welche angeblich höheren moralischen Rücksichten die Politik der Staaten zu leiten haben, liegt ausserhalb des Rahmens einer juristischen Untersuchung. Die Scheidung der klaren objectiven Rechtsforderung von dem nur allzuhäufig subjectiv gefärbten, unbestimmten moralischen Ansinnen muss im Völker-

---

[*] A. a. O., Art. 408.

rechte so gut wie in jeder juristischen Disciplin vollzogen werden.

Aus dieser Darlegung ergibt sich, dass die Mächte gegenüber Rumänien durch die Weigerung, ihm beschliessende Stimme auf der Conferenz einzuräumen, das Völkerrecht in keiner Weise verletzt haben, **welche Titel auch immer Rumänien für seine Zulassung geltend gemacht hat.** Durch den Vorbehalt der Adhäsion der Uferstaaten [9]) ist den Forderungen des Völkerrechts vollkommen genügt worden — es sei denn, dass man die Existenz eines Völkerrechtssatzes behauptet, des Inhaltes, dass jede

---

[9]) Vgl. *Protocole No. 7, Séance du 7 mars, 1883. Le Comte de Granville exprime la satisfaction, qu'il éprouve de l'issue favorable des travaux de la Conférence. Il croit, qu'une dernière séance suffira pour signer l'Acte final, élaboré par les Plénipotentiaires. Il demande à être autorisé à convoquer la Conférence, non seulement pour la ratification qui pourrait avoir lieu en quelques mois, mais pour recevoir des États Riverains l'adhésion aux décisions de la Conférence, qu'on est en droit d'attendre d'eux dans le délai, qui précéderait la ratification.*

Il demande également, que la Conférence l'autorise à exprimer aux États Riverains le désir qu'ont les Puissances Européennes de les voir adopter le Règlement, et accepter les décisions de la Conférence. Il prie les Plénipotentiaires pour leur part de faire tous les efforts possibles pour convaincre les États Riverains de l'utilité de se joindre aux Puissances.

Le Plénipotentiaire d'Italie propose, que le Président soit chargé d'adresser aux Représentants de la Grande-Brétagne à l'étranger une Circulaire, invitant les Puissances à faire des démarches simultanées afin d'amener les États Riverains à donner leur adhésion aux décisions de la Conférence.

Le Comte de Granville se déclare prêt, à faire cette démarche, et afin d'en assurer le succès, il compte sur l'active coopération des Gouvernements représentés à la Conférence.

MM. les Plénipotentiaires se prononcent à l'unanimité dans le sens des observations du Président. Vgl. auch *Protocole No. 3.*

Verständigung mehrerer Mächte über ein gemeinsames Anerbieten an einen Dritten völkerrechtswidrig sei. So lange aber ein solcher Satz nicht anerkannt ist, wird man das Vorgehen der Mächte auf der Londoner Conferenz nur unter politischen, aber nicht unter juristischen Gesichtspunkten beurtheilen dürfen.

Schwer verständlich ist es, weshalb v. Holtzendorff wiederholt in der energischesten Weise gegen die Behauptung der Rechtskraft des Londoner Vertrages für Rumänien vor einer nachträglich hinzukommenden Zustimmung dieses Staates protestirt. Da die Londoner Conferenz in Uebereinstimmung mit der Forderung des Völkerrechts Rumänien die Adhäsion vorbehalten hat, so fragt man vergebens, an welche Adresse denn der Protest gegen eine Vergewaltigung Rumäniens gerichtet ist. v. Holtzendorff beweist nur, was Niemand bezweifelt: dass Rumänien nur durch seinen Willen vertragsmässig gebunden werden kann. Er beweist aber nicht, dass das Vorgehen der Londoner Conferenz im Widerspruch steht mit anerkannten Normen des Völkerrechts.

Für die politische Beurtheilung allerdings mag es bezweifelt werden, ob es vorsichtig war, die rumänische Forderung abzuweisen. Die nationale Empfindlichkeit junger Staaten, die im Gefühle der neu errungenen Freiheit ihre politische Bedeutung im Staatensystem zu überschätzen geneigt sind, ist ein Factor, mit dem der Staatsmann wohl rechnen muss. Die Halsstarrigkeit Rumäniens in der Donaufrage ist vielleicht nur eine Folge seines verletzten Selbstgefühles, während die Erlaubniss, im hohen Rathe Europas mitthun zu dürfen, der Presse und Volksvertretung in Rumänien möglicherweise so sehr geschmeichelt hätte, dass es der Regierung damals viel leichter geworden wäre, den Mächten Concessionen zu machen, als heute. Indess wird ein competentes Urtheil über die politische Seite der Frage wohl nur dem Diplomaten zustehen, dem ein tieferer Einblick in die Verhältnisse gewährt ist, als der, den man durch die Mittheilung der Tagesblätter und jene Actenstücke empfängt, die die rumänische Regierung zu publiciren für gut findet.

Schliesslich mag noch erwähnt werden, dass es seit dem Wiener Congresse bereits einmal vorgekommen ist, dass die Errichtung einer Flusscommission ohne Mitwirkung eines der Uferstaaten beschlossen wurde. Es geschah dies in der Po-Acte, welche zum ersten Male das Princip der freien Schifffahrt für alle Nationen proclamirte. [10] Diese Po-Acte wurde am 3. Juli 1849 von Oesterreich, Parma und Modena beschlossen, während dem Kirchenstaate die Accession vorbehalten blieb, welche erst am 12. Februar 1850 erfolgte. [11] Und in dieser Po-Commission, wie wir sehen werden, hatte Oesterreich eine Stellung, die weit hinaus ging über die äussersten Forderungen, welche es gelegentlich der Verhandlungen über die *commission mixte* in der europäischen Commission stellte.

II.

Die Bestimmungen des von der Londoner Conferenz acceptirten Reglements für die Strecke vom Eisernen Thor bis Braïla werden von Rumänien und seinen deutschen Anwälten bezeichnet als im Wider-

---

[10] Vgl. Carathéodory, *Du droit international concernant les grands cours d'eau* p. 123 f.

[11] Vgl. L. Neumann, *Recueil des Traités conclus par l'Autriche*, t. V, p. 118 u. 124.

spruch stehend mit den durch den Pariser Tractat für die Donau giltig erklärten Principien des Rechtes der freien Schifffahrt auf internationalen Strömen, welche die Wiener Congressacte aufstellt, und mit der Entwickelung, welche das internationale Flussschifffahrtsrecht seitdem genommen hat. Diese Verletzung anerkannter Sätze des Völkerrechts soll die ablehnende Haltung Rumäniens gegenüber dem Londoner Vertrage rechtfertigen.

Zunächst ist zu bemerken, dass der Londoner Vertrag nichts weniger bezweckt, als eine definitive Lösung der Donaufrage. Die vielumstrittene *commission mixte* ist nicht als eine bleibende Institution gedacht, ihre Dauer ist von vornherein eine beschränkte. Das Ende der europäischen Commission führt auch das ihre herbei. Es handelt sich daher nur um ein Provisorium, welches durch die unklare Lage der Dinge im Orient wohl berechtigt ist.[12] Kein ernster Politiker wird behaupten, dass der Berliner Congress auch nur auf Jahrzehnte hinaus den Dingen auf der Balkan-Halbinsel eine bleibende Gestaltung gegeben hat. Vor der endgiltigen Klärung der politischen Situation jedoch eine Frage des internationalen Verwaltungsrechtes endgiltig lösen zu sollen, ist eine mehr als unbillige Forderung an die Mächte.

Die Recriminationen Rumäniens und seiner Anwälte über die irreguläre Entwickelung des Rechtes der freien Schifffahrt auf der Donau müssen als doctrinär bezeichnet werden, wenn man die Irregularität aller Verhältnisse auf der Balkan-Halbinsel und die grossen politischen Gefahren in Betracht zieht, die in

---

[12] v. Holtzendorff selbst erklärt und rechtfertigt die europäische Commission mehrmals als ein Provisorium. Daraus folgt auch für ihn die provisorische Natur der *commission mixte!*

ihnen verborgen sind. Bei Beurtheilung des vorliegenden Falles aber muss man sich jedenfalls auf den Standpunkt stellen, den der Berliner Congress eingenommen hat. Alle Erörterungen über die Stellung dieses Congresses zu früheren Abmachungen in der Donaufrage haben wahrlich nur akademischen Werth. Wir aber behaupten, dass man mit gutem Grunde auf dem Berliner Congresse der im Pariser Tractate eingesetzten Uferstaaten-Commission aus dem Wege gegangen ist. Die völlig veränderten Umstände hätten diese Commission, welche nun anstatt vier sieben Mitglieder — darunter die zwei in der orientalischen Politik rivalisirenden Grossmächte Oesterreich-Ungarn und Russland — aufzuweisen hätte, zu einer fortwährenden Quelle gefährlicher internationaler Reibungen gemacht. Das hätten die deutschen Partisane Rumäniens bedenken sollen, ehe sie mit ihrer Kritik der neuesten Phase der Donaufrage, hervorgetreten sind. Wenn Geffcken (S. 61 ff.) in der Wiedereinführung der Uferstaaten-Commission die beste Lösung des Streites erblickt, so hat er sich die politischen Folgen eines solchen Experimentes nicht genügend vor Augen gestellt. [13])

Dass man die **provisorische** Gestaltung der freien Schifffahrt in der unteren Donau nicht ohneweiters an dem Massstabe der Bestimmungen des Wiener Congresses messen darf, geht auf den ersten Blick aus einer unbefangenen Würdigung des Pariser Tractates hervor. Art. 113 der Wiener Acte hatte bestimmt,

---

[13]) Auch die von Engelhardt, *La question du Danube, Revue de droit international* t. XV, p. 5 ff. u. p. 340 ff. vorgeschlagene Ausdehnung der europäischen Commission bis zum Eisernen Thor ist bei dem so lebhaften Souveränetätsgefühle der Uferstaaten schwerlich ausführbar.

dass jeder Staat die Verpflichtung übernimmt, die durch sein Gebiet führenden Leinpfade zu unterhalten und auf dieser Strecke diejenigen Arbeiten im Flussbette vorzunehmen, welche nothwendig sind, um die Schifffahrtshindernisse zu beseitigen. Die Errichtung der europäischen Donaucommission steht in directem Widerspruch mit dieser Anordnung und alle Erwägungen, dass es nicht recht und billig gewesen wäre, der Türkei allein die Beseitigung der Schifffahrtshindernisse an den Donaumündungen zuzumuthen, können nicht über das unleugbare Factum hinweghelfen, dass bezüglich der Donau auf dem Pariser Congresse vorderhand andere Massregeln getroffen wurden, als die in der Wiener Acte für internationale Ströme vorgesehenen. Es muss noch hervorgehoben werden, dass auch im Art. 17 des Pariser Vertrages der Uferstaaten-Commission eine andere Aufgabe zu Theil wurde, als der Rheinschifffahrts-Commission durch den Wiener Congress. Jene sollte nämlich alle Hindernisse der Schifffahrt entfernen, die nothwendigen Arbeiten auf dem ganzen Stromlaufe veranlassen und nach Auflösung der europäischen Commission über die Aufrechterhaltung der Schiffbarkeit der Donaumündungen und der angrenzenden Meerestheile wachen. Damit war wiederum die Bestimmung des Wiener Congresses, dass nur der betreffende Uferstaat verpflichtet sei, für die Schiffbarkeit der ihm gehörigen Strecke zu sorgen, durchbrochen zu Gunsten eines anderen, vielleicht der künftigen Entwickelung des Völkerrechtes günstigeren Principes, welches eine internationale Verwaltung da für nothwendig findet, wo ein internationales Interesse vorliegt. Der Art. 56 des Berliner Vertrages enthält, indem er die Beseitigung der Schifffahrtshindernisse am Eisernen Thor Oesterreich-Ungarn überträgt, eine neuerliche Abweichung von einem der Grundprincipien der Wiener Beschlüsse über die internationalen Ströme.

Steht es aber fest, dass die endgiltige Ordnung der freien Donauschifffahrt auf der Londoner Conferenz nicht getroffen wurde, dass die Bestimmungen der Wiener Congressacte nicht ohne Weiters auf die Donau anwendbar sind, dann geht es nicht an, wie es v. Holtzendorff thut, die revidirte Rheinschifffahrtsacte von 1868 als das alleinige Urbild hinzustellen, an dem der völkerrechtliche Werth oder Unwerth einer jeden Phase in dem wechselvollen Geschick der Organisirung der freien Donauschifffahrt zu messen ist.

Nun sollen aber die Principien, welche der Entwickelung der freien Schifffahrt auf conventionellen Strömen zu Grunde liegen, in flagranter Weise verletzt werden durch die Forderung Oesterreich-Ungarns nicht auf Grund eines europäischen Mandates, sondern kraft eigenen Rechtes in der *commission mixte* vertreten zu sein. Oesterreich-Ungarn, so führt die rumänische Regierung aus, sei nicht Uferstaat an der unteren Donau und es sei unerhört, dass ein Nichtuferstaat, ohne erweisliches Recht, blos auf seine Interessen pochend, gleiches ja sogar grössere Befugnisse für sich verlange als ein Uferstaat. Diese rumänische Behauptung wird von den deutschen Schriftstellern begierig aufgegriffen und verwerthet, um das völkerrechtswidrige Begehren Oesterreich-Ungarns mit den schwärzesten Farben zu malen.

Prüfen wir an der Hand der Geschichte des internationalen Flussschifffahrtsrechtes im 19. Jahrhundert das rumänische Hauptargument gegen die Ansprüche Oesterreich-Ungarns!

Die Wiener Congress-Acte hat (Art. 108) bestimmt, dass die Staaten, deren Gebiet getrennt oder durchzogen wird, von einem und demselben schiffbaren Fluss sich verpflichten, vertragsmässig *(à regler d'un commun accord)* alles auf die Schifffahrt auf diesem Fluss Bezügliche zu ordnen. Der juristische Grund dieser gemeinsamen Regelung der Schifffahrtsverhältnisse liegt in der Thatsache, dass der Fluss in seinem ganzen schiffbaren Laufe die nothwendige Wasserstrasse für alle, namentlich aber für die oben gelegenen Uferstaaten ist. **Nicht die Gemeinsamkeit des Uferbesitzes, sondern die Gemeinsamkeit der Wasserstrasse** ist der Grundgedanke, von dem der Wiener Congress ausgegangen ist. Am klarsten ist dies ausgedrückt in dem Project, welches der französische Bevollmächtigte v. Dalberg dem Congress unterbreitet hatte, das der Ausgangspunkt der Verhandlungen geworden ist, aus denen schliesslich die Bestimmungen der Congressacte hervorgegangen sind. Art I. dieses Projects lautete nämlich:[14]) *„Le Rhin, depuis le point, où il devient navigable, jusqu'à la mer, sera, sous le rapport du commerce et de la navigation considéré comme un fleuve commun entre les divers états qui le séparent ou le traversent."*

Wenn nun nicht der Gemeinbesitz der Ufer, sondern die Gemeinsamkeit der Wasserstrasse der Grund der conventionellen Verwaltung internationaler Ströme ist, dann ist im Sinne des Wiener Congresses jeder Staat Uferstaat an dem ganzen Wasserlaufe, indem es ein und dieselbe Wassermasse ist, welche seine Schiffe bis in das Meer oder bis zum Anfangspunkte der Schiffbarkeit trägt. In diesem Sinne ist Baden ebenso Uferstaat am unteren Rhein, als Holland am oberen. In diesem Sinne ist auch Oesterreich-Ungarn

---

[14]) Klüber, Acten des Wiener Congresses III. S. 13.

Uferstaat an der unteren Donau. Nicht nur Interessen, sondern rechtlich anerkannte Interessen, mit anderen Worten, **subjective Rechte** sind es, welche Oesterreich-Ungarn als Donaustaat auch da besitzt, wo seine Herrschaft über die Flussufer endet, so gut als Preussen durch den Wiener Congress Rechte zuerkannt wurden über die Grenze hinaus, wo seine Territorialhoheit über den Rhein endigt.

Auch das Motiv für die Schaffung von permanenten Commissionen für die internationalen Ströme war nicht die Gemeinsamkeit des Uferbesitzes, sondern die durch die Natur bedingte nothwendige Gemeinsamkeit der Wasserstrasse. Das ist deutlich in der, der Wiener Congressacte angefügten, Rheinacte ausgesprochen, indem dort im Art. X die Errichtung einer Central-Commission angeordnet wird, zum Zwecke des Verkehrs der Uferstaaten *„sur tout ce qui regarde la navigation“*. An dieser Schifffahrt sind aber namentlich die Staaten am Oberlaufe des Flusses nothwendig interessirt und dieses Interesse ist ein rechtlich gerechtfertigtes. Wenn daher aus was immer für Gründen **provisorisch** blos für einen Theil eines internationalen Stromes das *régime conventionnel* eingeführt werden soll, dann können **alle** Uferstaaten des ganzen Flusslaufes, namentlich aber die höher gelegenen, ohne gegen die Grundgedanken des Wiener Congresses zu verstossen, den Anspruch erheben, an der gemeinschaftlichen Verwaltung Theil zu nehmen. Oesterreich-Ungarn hat daher in seiner Qualität als Donaustaat einen Anspruch, in der *commission mixte* vertreten zu sein, der auf keinen Fall als widerrechtlich bezeichnet werden darf, und hat es nicht nöthig, erst auf dem Wege eines europäischen Mandats sich in die Commission einzuschmuggeln. Auch die beiden deutschen

Donaustaaten hätten Sitz und Stimme in dieser Commission beanspruchen können, wenn ihre **Interessen** sie zu einer solchen Forderung veranlasst hätten.

Einer der hervorragendsten neueren Schriftsteller über internationales Flussschifffahrtsrecht, auf dessen Autorität sich auch v. Holtzendorff beruft, und der durchaus nicht der österreichisch-ungarischen Donaupolitik und der Schaffung der *commission mixte* das Wort redet, Ed. Engelhardt, fasste lange vor der Londoner Conferenz (December 1880) die Einsetzung einer aus den Vertretern der Uferstaaten bestehenden Specialcommission für die Strecke vom Eisernen Thor bis Galatz in's Auge und bemerkt hiezu:

„*Mais ici une objection se présente. Non seulement, les trois États, auxquels serait confié „le contrôle" que le Congrès de Vienne a eu en vue occupent une place nouvelle dans la hiérarchie internationale, mais ils ne concourent que dans une très minime portion au mouvement de la navigation sur la voie qui les sépare, tandis que ce trafic est presque exclusivement alimenté par le grand Empire voisin qui ne participerait à ce contrôle.*"

„*L'éloignement de l'Autriche-Hongrie créerait certainement une situation peu logique et même peu équitable, et le but que se proposait le Congrès de Vienne en instituant une autorité qui pût „servir de moyen de communication pour tout ce qui regarde la navigation" ne serait qu'imparfaitement rempli*".[15])

Dieselbe Billigkeit, welche v. Holtzendorff (S. 85 ff.) als Rechtsquelle für das Völkerrecht aufstellt und zu Gunsten Rumäniens anruft, wird von Engelhardt für Oesterreich-Ungarn in Anspruch genommen!

---

[15]) *L'Autriche-Hongrie et la question du Danube. Revue critique de législation et de jurisprudence* 1881, p. 66.

Aber wenn man auch ganz absieht von den zu Gunsten Oesterreich-Ungarns sprechenden Deductionen aus der Natur der Wiener Congressacte, ja selbst wenn man zugibt, Oesterreich-Ungarn sei in keinem Sinne Uferstaat an der unteren Donau, so ist dennoch die Forderung Oesterreich-Ungarns, in der *commission mixte* kraft eigenen Rechtes vertreten zu sein, nicht ohne Präcedens in der neuesten Geschichte des internationalen Flussschifffahrtsrechtes. Sorgfältig ist Rumänien in seinen Ausführungen der Erwähnung einer Schifffahrtsacte aus dem Wege gegangen, **die von eben diesem Staate mit Oesterreich-Ungarn und Russland** abgeschlossen worden ist, deren eingehende Betrachtung wohl geeignet ist, ein seltsames Licht auf die Haltung Rumäniens in der Donaufrage zu werfen. Es ist dies die am 15. Dec. 1866 abgeschlossene Acte bezüglich der Schifffahrt auf dem Pruth und das auf Grund dieser Acte am 8/9. Februar 1871 erlassene Schifffahrtsreglement. Diesen beiden Actenstücken wollen wir im Folgenden einige Aufmerksamkeit schenken. Den deutschen Partisanen Rumäniens scheinen dieselben nicht bekannt gewesen zu sein, sonst wäre ihre Zustimmung zu den Ausführungen der rumänischen Regierung nicht so lebhaft gewesen. Namentlich v. **Holtzendorff** würde seine neun Donaufragen wohl anders formulirt und anders beantwortet haben.

III.

Der **Pruth** entspringt am Nordostabhange der Karpathen bei Mikuliczyn in Galizien, tritt unterhalb Sniatyn in die Bukowina und scheidet von Bejana bis gegen Newaschitza die Bukowina und Rumänien. Hierauf bildet er die Grenze zwischen Rumänien und Bessarabien (Russland), bis er bei Reni in die Donau mündet, während er bis zu den Territorialveränderungen von 1878 auf seinem unteren Laufe ausschliesslich durch rumänisches Gebiet floss. Er hat eine Länge von 638 Kilometern und wird bei **Skuleni in Rumänien, 368 Kilometer unterhalb seiner Quelle, schiffbar.** Die Länge seines schiffbaren Laufes beträgt 270 Kilometer.[16])

Der Pruth ist auf seiner ganzen österreichischen Strecke nicht schiffbar. Nur mit Flössen kann er da befahren werden, es unterliegt jedoch auch nicht dem leisesten Zweifel, dass **schiffbar** *(navigable)* und **flossbar** *(flottable)* zwei ganz verschiedene Begriffe sind, dass der Wiener Congress sowohl für Haupt- als Nebenflüsse nicht den Punkt des Beginnes der Flossbarkeit, sondern der Schiffbarkeit als den bezeichnet, von dem aus das *régime conventionnel* der Flüsse beginnen soll. Oesterreich ist daher im Sinne der Ausführungen der rumänischen Regierung und ihrer Anwälte in Beziehung auf den Pruth als Nichtuferstaat zu betrachten.

Am 15. December 1866 haben jedoch Oesterreich-Ungarn, Russland und Rumänien einen Vertrag geschlossen *„dans leur désir de régler d'un commun accord, en leur qualité d'États co-riverains, la navigation du Pruth"*.

---

[16]) Vgl. Versuch einer Darstellung der österr. Monarchie 1828, Flusskarte Nr. 70; Die Donau und ihre volkswirthschaftliche Bedeutung. Referat des Kammerrathes Josef M. Wolfbauer, erstattet an die nied.-österr. Handels- und Gewerbekammer. Wien 1880, Verlag der nied.-österr. Handels- und Gewerbekammer, S. 57, 58; Der Pruth, hydrogr. Studie von C. v. Kwiatkowski. Mittheilungen der k. k. geographischen Gesellschaft in Wien 1874, S. 145 ff.

Das von dem nichtschiffbaren Pruth durchströmte Oesterreich wurde daher im Jahre 1866 von Rumänien als Uferstaat anerkannt.

Das von der schiffbaren Donau durchströmte Oesterreich jedoch wird von demselben Rumänien 1883 als Nichtuferstaat erklärt!

Allerdings handelte es sich im Jahre 1866 darum, den versandeten Pruth von den Schifffahrtshindernissen zu befreien und da war die Mitwirkung Oesterreich-Ungarns an diesem Werke im Interesse Rumäniens gelegen.

Im Jahre 1883 erforderte es jedoch das Interesse Rumäniens, sich zur Herrin der durch Europa an den Mündungen, durch Oesterreich-Ungarn beim Eisernen Thore flott zu machenden Donau zu setzen, und sofort geräth die Pruth-Acte mit all' ihren Consequenzen in Vergessenheit und die Forderung des „Nichtuferstaates" Oesterreich-Ungarn, an der gemeinsamen Verwaltung der unteren Donau Theil zu nehmen, wird als ein unerhörtes Novum bezeichnet! Und v. Holtzendorff und Dahn stimmen ein in den Schrei, den Rumänien über die noch nie dagewesene rechtswidrige Zumuthung ausstösst, einem Nichtuferstaate als solchem Sitz und Stimme in einer Schifffahrts-Commission zu gewähren!

Noch grösser jedoch wird unser Erstaunen über Rumänien und die, welche ihre Lanzen für diesen Staat schwingen, wenn wir die einzelnen Bestimmungen der Pruth-Acte und des von der Pruth-Commission ausgearbeiteten und nach Genehmigung der Vertragsmächte erlassenen Reglements durchgehen. Zunächst wollen wir die für uns wichtigsten Bestimmungen dieser beiden Actenstücke im Folgenden anführen.

1. Stipulations concernant la navigation du Pruth;
signées à Bucharest le 15 décembre 1866.[1])

Art. 1. La navigation dans tout le parcours du Pruth, en tant qu'il traverse ou sépare les États des hautes parties contractantes, sera entièrement libre et ne pourra, sous le rapport du commerce, être interdite à aucun pavillon. Les bâtiments et leurs équipages seront toutefois tenus de se conformer strictement aux règlements de navigation à arrêter, ainsi qu'aux dispositions spéciales, contenues dans les articles du présent acte.

Art. 2. Dans le but exclusif de couvrir les frais des travaux d'amélioration du fleuve et ceux de l'entretien de la navigabilité en général, une taxe d'un taux convenable sera imposée à la navigation et perçue à l'embouchure du Pruth dans le Danube. Outre cette taxe unique, aucun autre droit, quelque soit son nom et son origine, ne pourra être prélevé sur la navigation, sauf les cas prévus à l'article 18.

Art. 7. Une commission mixte permanente, composée des délégués d'Autriche, de Russie et des Principautés-Unies, sera instituée pour mettre le Pruth dans les meilleures conditions possibles de navigation et pour élaborer un acte de navigation, contenant les règlements de police fluviale et le tarif du péage. La mission de cet autorité internationale consistera:

    a) à désigner et à faire exécuter les travaux indispensables pour améliorer le lit du fleuve;
    b) à arrêter et à mettre en application le tarif des droits de navigation, destinés au remboursement des frais d'amélioration du fleuve et de ceux de l'entretien des travaux;

---

[1]) *Martens-Samwer-Hopf, Nouveau Recueil Général de Traités*, t. XX, No. 54, p. 296—301.

c) à élaborer les règlements de police fluviale ;
d) à veiller à l'entretien des ouvrages et à la stricte observation des dispositions des règlements.

Art. 8. La commission mixte pour le Pruth nommera, d'un commun accord des trois membres qui la composent, un inspecteur qui aura pour tâche :

a) de surveiller l'exécution des travaux d'amélioration en vue de leur conformité avec les projets, plans et devis approuvés par les trois Gouvernements ;
b) d'exercer un contrôle exact sur l'encaissement des taxes suivant le tarif arrêté par la commission ;
c) d'assurer la stricte application de toutes les dispositions des règlements pour la police fluviale ;
d) de veiller à l'entretien en bon état des ouvrages d'amélioration et de faire exécuter à cet effet les travaux nécessaires.

Art. 9. L'inspecteur fonctionnera comme organe de la commission permanente et sous sa direction. Il aura un caractère international et son autorité s'exercera indistinctement à l'égard de tous les pavillons.

Art. 10. L'entretien de l'inspecteur sera porté annuellement sur le budget des dépenses générales pour la navigabilité du fleuve.

Art. 20. Conformément aux articles 2 et 7 du présent acte, la commission mixte pour le Pruth arrêtera un tarif des taxes de navigation qui doivent être prélevées à son embouchure pour le remboursement des frais d'amélioration. Ce tarif, après avoir reçu l'approbation des Gouvernements, sera joint à cet acte pour avoir même force et valeur que s'il en faisait partie intégrante.

Art. 26. La navigation du Pruth sera régie par un règlement de navigation et de police élaboré par la commission mixte et approuvé par les trois Gouvernements signataires; après avoir reçu la sanction des Gouvernements, le règlement sera joint au présent acte, pour avoir même force et valeur que s'il en faisait partie intégrante.

Art. 27. Il est entendu que ce règlement fera loi non seulement en ce qui concerne la police fluviale, mais encore pour les jugements des contestations civiles qui pourront naître par suite de l'exercice de la navigation.

Art. 28. Afin d'assurer l'exécution du règlement de police dans tout le parcours du Pruth, les Gouvernements signataires s'obligent à prêter aide et assistance à l'inspecteur et en général à tous les organes de la commission mixte, qui seront chargés de veiller au maintien de l'ordre et de la régularité sur la voie fluviale.

II. Règlement de navigation et de police applicable au Pruth;

signés à Bucharest 8/9 février (27/28 janvier) 1871.[15])

Art. 63. L'exercice de la navigation sur le Pruth est placé sous l'autorité de l'inspecteur nommé par la commission mixte permanente en exécution de l'art. 8 de la convention du 3 (15) décembre 1866. Cet agent est chargé d'assurer l'application des dispositions du présent règlement. Il fonctionne sur la direction de la dite commission mixte, devant laquelle il prête serment de remplir avec exactitude et fidélité les devoirs qui lui sont imposés par les dispositions du dit règlement. Il est revêtu d'un caractère international, et son autorité s'exerce indistinctement à l'égard de tous les pavillons.

Art. 64. L'inspecteur de la navigation du Pruth a le droit de requérir directement, dans l'accomplissement

---

[15]) *Martens-Samwer-Hopf, Nouveau Recueil Général de Traités,* IIme Série, t. I, No. 148, p. 485—505.

de sa tâche, l'assistance des postes militaires établis sur les rives ou celle des autorités locales riveraines.

Art. 65. Les attributions spéciales de la police judiciaire sont exercées, en ce qui concerne la navigation du Pruth, par les agents que chacun des pays riverains désigne à cet effet pour l'étendue de ses rives.

Ces agents sont assermentés; ils sont chargés de constater les contraventions commises contre les dispositions du présent règlement et d'en dresser des rapports et procès-verbaux qui font foi jusqu'à preuve contraire, et qui sont transmis par eux directement à l'inspecteur de la navigation du Pruth. Ces agents de la police judiciaire exercent leurs attributions sous les ordres de l'inspecteur de la navigation du Pruth; ils ont comme lui un caractère international, et sont autorisés, en cette qualité, à demander aux patrons ou conducteurs la production des documents déterminés par l'article 12 du présent règlement.

Art. 66. L'agent comptable préposé à la perception des taxes qui sont ou seront imposées aux bâtiments navigant dans le Pruth, à son confluent, conformément aux articles 2 et 20 de la convention du 3 (15) décembre 1866, est autorisé à requérir directement l'assistance de l'officier commandant le poste militaire ou la station maritime établi au dit confluent par le gouvernement roumain, lorsque cette assistance est nécessaire pour contraindre les patrons ou conducteurs des bâtiments, transports, radeaux ou trains de bois au paiement des dites taxes, ainsi que des amendes auxquelles ils auraient été condamnés pour contravention aux dispositions du présent règlement ou à celles du tarif des taxes.

Art. 67. L'agent préposé à la perception des taxes, de même que l'inspecteur de la navigation du Pruth, est revêtu d'un caractère international, et son action s'exerce indistinctement à l'égard de tous les pavillons. Il prête serment devant la commission mixte permanente de remplir ses fonctions avec exactitude et fidélité. Il peut être astreint à fournir caution pour la sûreté de sa gestion. Il a le caractère d'officier de la police judiciaire pour ce qui concerne les contraventions commises contre les dispositions du tarif des droits de navigation.

Art. 82. *L'inspecteur de la navigation du Pruth prononce en première instance l'application des amendes encourues à raison des contraventions commises contre les dispositions du présent règlement.*

La notification de ses sentences est faite, autant que possible, à la partie condamnée en personne; en cas d'empêchement elle est faite à Galatz, en la chancellerie de l'autorité consulaire ou locale de laquelle la partie relève.

Art. 83. *Le montant des amendes est versé entre les mains de l'agent préposé à la perception des taxes au confluent du Pruth et le paiement en est effectué, en tout état de cause, avant que le bâtiment, transport, radeau ou train de bois contrevenant ne puisse sortir de la rivière pour entrer dans le Danube.*

Art. 84. *L'appel contre les jugements de condamnation est porté, dans les trois mois de la notification, devant la commission mixte permanente, mais le jugement de première instance est toujours exécutoire par provision, et en cas d'appel, le montant de l'amende est versé au percepteur des taxes du Pruth qui le garde en dépôt jusqu'à ce que l'appel soit vidé.*

L'appel n'est plus recevable après l'expiration du délai de trois mois à partir de la notification du jugement de première instance.

Le jugement rendu sur appel par la commission mixte est définitif et ne peut plus être l'objet d'aucun recours quelconque.

IV.

Die *commission mixte* also ist nicht die erste ihres Geschlechtes, wie v. Holtzendorff glaubt (S. 128) und wie uns Rumänien glauben machen will. Sie existirt in Galatz, mitten in Rumänien selbst. Sie ist zusammengesetzt nicht nur aus Vertretern der Uferstaaten, sondern enthält auch den Abgesandten eines Staates, der — was immer für Verabredungen die Contrahenten der Pruthacte getroffen haben — im Sinne der Wiener Congress-Acte nur als Nichtuferstaat bezeichnet werden darf. v. Holtzendorff wird nun wohl seine Behauptung nicht aufrechterhalten, dass die gemischte Commission vom völkerrechtlichen Standpunkte aus gewürdigt, als eine unzulässige Vermischung der den Uferstaaten auf der Strecke vom Eisernen Thor bis nach Galatz gebührenden, durch die Wiener Congress-Acte näher definirten Rechte erscheine „mit einem bisher nirgends vorgekommenen Privilegium eines Nichtuferstaates" (S. 132).

Rumänien und seine Anwälte erklären aber die Principien des europäischen Flussschifffahrtsrechtes nicht nur durch die Einsetzung der *commission mixte* verletzt, sondern auch durch den Wirkungskreis, der dieser zugewiesen ist. Dadurch, dass die Commission nicht nur ein Recht der Beaufsichtigung enthält, sondern die Befugniss, executorische Acte selbst anzuordnen, sei das Souveränetätsrecht der Uferstaaten angegriffen. Nur das Recht der Kenntnissnahme und der Beschwerdeführung bei den Organen desjenigen souveränen Staates, in dessen Gebiete eine den völkerrechtlichen Grundsätzen der Flussschifffahrt zuwiderlaufende Handlung begangen, oder pflichtgemässe Handlung unterlassen wurde, sei in dem Begriffe der *surveillance internationale* enthalten (v. Holtzendorff

S. 82, 83). Die Ausübung der Strompolizei sei ein Recht der Uferstaaten und das von der Londoner Conferenz acceptirte Reglement verletze dieses Recht.

Wenn man nur einen flüchtigen Blick auf die oben citirten Bestimmungen der Pruth-Acte und des Pruth-Reglements wirft, so findet man sofort, dass dieselben Anklagen, welche gegen das Londoner Reglement von Rumänien erhoben werden, vollinhaltlich auf den mit dem freien Willen Rumäniens auf dem Pruth geschlossenen Zustand passen. Die Pruth-Commission hat das Recht, executorische Acte unmittelbar anzuordnen. Sie ernennt den Inspector, der einen internationalen Charakter besitzt und ausschliesslich die Polizeigerichtsbarkeit erster Instanz über die Pruthschiffe ausübt. Sie selbst entscheidet in diesen Fällen als einziges Appellationstribunal in letzter Instanz. Das Pruth-Schifffahrtsrecht weicht daher von dem „vollkommen normal entwickelten Rheinschifffahrtsrecht" in denselben wesentlichen Punkten ab, wie das auf der Londoner Conferenz entworfene Schifffahrtsrecht der Strecke vom Eisernen Thor bis Braïla. Ja, durch die Einsetzung eines internationalen mit Zwangsgewalt ausgerüsteten Taxerhebungsbeamten, durch die Unterordnung der Streckenaufseher unter den Inspector und die Ausschliessung derselben von der Ausübung der Gerichtsbarkeit enthält das Pruthreglement eine noch weitergehende Beschränkung der Uferstaatensouveränetät als der Londoner Vertrag.

In Hinsicht auf die eigenthümlichen Befugnisse der europäischen Donau-Commission und ihrer Organe konnte v. Holtzendorff behaupten, dass es sich da um einen Ausnahmezustand und ein Ausnahmerecht handle, das nur durch die eigenartigen Zustände an den Donaumündungen provisorische Berechtigung habe.

Beim Pruth handelt es sich aber weder um ein Provisorium, noch um einen Ausnahmezustand. Daher ist die Behauptung v. Holtzendorff's unrichtig, dass die Stellung, welche der europäischen Commission als internationaler Behörde gegenüber dem Uferstaate zukommt, ein „einzigartiges, nirgends wieder vorkommendes Ausnahmerecht" sei (S. 93). Und die Stellung, welche die Pruth-Commission und die von ihr ernannten Beamten besitzen, ist um so bedeutungsvoller, als die Wirksamkeit dieser internationalen Behörden sich auf die Grossmacht Russland erstreckt. Die Grossmacht Russland findet also mit ihrem Souveränetätsrechte die Functionen des Pruth-Inspectors und der Pruth-Commission nicht unvereinbar, während Rumänien in neuester Zeit eine Empfindlichkeit an den Tag legt, wie man sie sonst nur bei Grossmächten ersten Ranges findet.

Als die Pruth-Commission eingesetzt wurde, war von dieser Empfindlichkeit allerdings noch nichts zu spüren. Damals handelte es sich darum, eine herrliche, aber lange vernachlässigte Wasserstrasse, die für Rumäniens Handel von grosser Bedeutung war, zu verbessern und da brauchte man die materielle Unterstützung der beiden Grossmächte. Welche Bedeutung dem Pruth als Verkehrsstrasse in Rumänien beigemessen wird, davon gibt die Sitzung der rumänischen Deputirtenkammer vom 27. März 1874 Zeugniss, in der der Abgeordnete Cogalniceanu den Minister des Aeussern wegen der Schiffbarkeit des Pruth und der Ursachen des geringen Fortschrittes der Arbeiten der internationalen Commission interpellirte. Damals wies der Minister darauf hin, dass die Commission im vorigen Jahre ein Anlehen von 130.000 Francs bei der öst. Bodencreditanstalt contrahirt habe [19]), und dass nun die Arbeiten einen besseren

---

[19]) Neumann, Rec. d. Tr. Nouv. Suite. t. VII, p. 511.

Fortgang haben würden. Zugleich versprach er Schritte zu machen, um die beiden Grossmächte zu weiteren Beiträgen zu bewegen, trotzdem er zweifelte, dass dieser Versuch von dem gewünschten Erfolge begleitet sein würde, da schon die Zustimmung der Mächte zu der Anleihe nur mit Mühe zu erlangen gewesen wäre. Das zeigt denn doch ganz deutlich, dass es sich beim Pruth in erster Linie um ein rumänisches Interesse handelt und dass man da, wo es die eigenen Interessen gebieten, in Rumänien Nichts von den Principien von 1815 und von Attentaten auf die Uferstaats-Souveränetät zu hören bekommt.

Die Analogien, welche Lord Granville in seiner Circular-Depesche an die englischen Gesandten in dem Fall der Schelde auf der Londoner Conferenz von 1831 für die Ansprüche Oesterreich-Ungarns an der unteren Donau gefunden hatte, konnten von Rumänien in der Depesche des Ministers des Aeussern vom 24. Mai 1883 leicht widerlegt werden.[30]) Das Präcedens der *commission mixte du Pruth* jedoch ist nicht aus der Welt zu schaffen. Hier muss Rumänien vor Europa gestehen, dass es bereits einmal von jenen Principien abgewichen ist, von denen es heute erklärt, dass es die einzigen sind, für welche die Mächte seine Anerkennung von Rechtswegen fordern dürfen.

V.

Eine Untersuchung der anderen, seit dem Wiener Congress abgeschlossenen Schifffahrtsacten, durch welche Commissionen eingesetzt wurden, lehrt uns, dass die Principien, auf welchen die Central-Commission

---

[30]) Vgl. auch die Depesche vom 1. Februar und v. Holtzendorff S. 71 ff.

für den Rhein seit 1868 beruht, nicht objectives, auf gewohnheitsmässiger Uebung beruhendes Völkerrecht bilden, sondern Festsetzungen dispositiver Natur innerhalb des Rahmens der durch den Wiener Congress sanctionirten Grundsätze sind.

In der Central-Commission für den Rhein hat jeder Uferstaat eine Stimme (Art. 43 der revidirten Rheinschifffahrts-Acte). Der Präsident wird durch das Los gewählt, besitzt keine Prärogative vor den anderen Commissären und hat nur im Falle der Stimmengleichheit bei Appellationsurtheilen eine entscheidende Stimme (Art. 44). Die Strominspectoren werden von den Uferstaaten für ihre Stromstrecken ernannt[21]) und besoldet, sind zwar in Ausübung ihrer Functionen der Central-Commission subordinirt, jedoch in disciplinarer Hinsicht dem Ernennungsstaate unterworfen (Art. 41). Die Aufgaben der Commission bestehen: *a)* in der Untersuchung der Beschwerden, zu welchen die Ausführung der Schifffahrts-Convention und des Reglements Anlass gibt; *b)* in der Beschlussfassung über Vorschläge der Regierungen, welche sich auf die Prosperität der Schifffahrt beziehen; *c)* in dem Fällen von Appellationsentscheidungen gegen Urtheile der Rheinschifffahrtstribunale erster Instanz (Art. 45). Die Berufung gegen diese Urtheile kann jedoch wahlweise auch vor das höhere Landestribunal gebracht werden (Art. 37). Die Beschlüsse der Central-Commission werden zwar mit

---

[21]) Engelhardt, *Du régime conventionnel des fleuves internationaux*, sonst ein grosser Verehrer der Rheinacte von 1868 tadelt (p. 189) die Abschaffung des als internationalen Agenten geltenden Oberinspectors, der von der Centralcommission ernannt wurde. „*Cette mesure paraît avoir été surtout dictée par des raisons personnelles et elle avait essentiellement pour but de ménager l'amour-propre de l'un des principaux États Riverains.*"

absoluter Stimmenmehrheit gefasst, erhalten jedoch verbindliche Kraft erst durch die Zustimmung der Regierung (Art. 46).

Wenn die Rhein-Commission seit 1868 keine selbständigen executiven und richterlichen Befugnisse besitzt, so ist dies mit anderen Schifffahrts-Commissionen nicht der Fall. Die Rhein-Commission von 1815 hatte den Chef-Inspector des Rheines mit Stimmenmehrheit zu ernennen. Die Po-Commission hatte das Ueberwachungs- und Executivpersonal für den Po zu ernennen und dessen Vertheilung und Competenzen zu bestimmen. (Art. IX der Po-Acte vom 3. Juli 1849. *Sarà cura della detta Commissione, di stabilire il personale subalterno permanente di sorveglianza e di esecuzione, e di determinarne la compartizione e le competenze.*) Auch das Princip des gleichen Stimmrechts ist in diesen beiden Commissionen nicht durchgeführt. Der Rhein-Inspector war in der Art mit Majorität zu wählen, dass eine ideale Stimmenanzahl fixirt wurde, von der dem preussischen Commissär ein Drittel, dem französischen ein Sechstel, dem holländischen ein Sechstel und dem der anderen deutschen Fürsten, mit Ausnahme Preussens, ein Drittel zukommen sollte. Noch weiter aber ging die Po-Commission. Dieselbe bestand aus vier Mitgliedern, von denen je eines von Oesterreich, Parma, Modena und dem Kirchenstaat entsendet wurde und einem von Oesterreich ernannten Präsidenten (Art. V . . . *verrà nominata un'apposita Commissione di quattro membri, ed oltre a questi di un Presidente, il quale, come pure uno dei Commissarj, sarà nominato dall' Austria, e gli altri tre Commissarj, uno per cadauno Stato.*) Die Stellung Oesterreichs in der Po-Commission, welche ihre Beschlüsse mit Majorität fasste und die Zustimmung der Uferstaaten zu deren Giltigkeit nicht nöthig hatte, war eine noch mehr bevorrechtigte als die, welche ihm in dem *avant-projet* bezüglich der *commission mixte* zugedacht war. Hier sollte Oesterreich-Ungarn nur das Präsidium und bei Stimmengleichheit die Entscheidung haben, während ihm dort bei jeder Abstimmung zwei Stimmen zukamen. Und diese Acte, welche einem der Uferstaaten so hervorragende Vorrechte gewährte, ist, wie bereits oben erwähnt, ohne Theilnahme des Kirchenstaates abgeschlossen worden, der erst später seine Accession erklärte.

Die Po-Commission und ihre Organe hatten auch gewisse Streitfälle selbständig und ausschliesslich zu erledigen. (Art. XX. *Gli affari contenziosi relativi alla navigazione verranno decisi dagli Uffiej di sorveglianza e doganali, ed in ultima istanza dalla Commissione.*)

Die Rhein-Commission nach der Wiener Congress-Acte, die Po-Commission und die *commission mixte* für den Pruth zeigen, dass innerhalb der Principien des modernen Flussschifffahrtsrechtes die Interessen der contrahirenden Staaten eine bunte Mannigfaltigkeit particulärer Festsetzungen hervorrufen können, und keineswegs lässt sich nachweisen, dass nach dem heute geltenden Völkerrecht ein Typus existire für die Rechte und Pflichten der sich zu einer Wassergenossenschaft zusammenschliessenden Staaten. Indem das Princip des *commun accord* als das oberste für das *régime conventionnel* aufgestellt wurde, ist den Staaten der weiteste Spielraum gewährt, ihre Interessen auch da zu wahren, wo es sich darum handelt, die völkerrechtlichen Sätze über die Flussschifffahrt zur Geltung zu bringen.

Die Anerkennung dieser Thatsache mag in Demjenigen, der in der ängstlichen Bewahrung der Souveränetät das Grundprincip des Völkerrechts erblickt, die Ueberzeugung hervorrufen, dass das Werk des Wiener Congresses die Selbständigkeit der Uferstaaten nicht genügend geschützt hat. Aber diese Unvollkommenheit allein gestattet noch nicht, das angeblich Bessere ohneweiters als geltendes Recht hinzustellen und danach die schwebenden Streitfragen zu beurtheilen. So wenig das Gesetz im Staate durch seine Unvollkommenheit allein den Charakter des Gesetzes verliert, so wenig das Recht zwischen den Staaten. In keinem Theile des positiven Rechtes gilt das Ideale schon deshalb, weil es das Ideale ist. Und so wird man sich auch hüten müssen, dem *jus gentium* zuzuschreiben, was erst den Nachweis zu liefern hat, dass es dem *jus naturae* angehört.

Wer aber erkannt hat, dass die Fortbildung des Völkerrechts neben der Anerkennung der Idee der Souveränetät des Einzelstaates auch die der Forderungen der Gemeinschaft und Solidarität der Staaten zur Voraussetzung hat, der wird in den von den Bestimmungen der Rheinschifffahrtsacte abweichenden Festsetzungen über internationale Commissionen den Ansatz zu einer höheren Entwickelung erblicken. Die internationale Verwaltung, welcher nach meiner Ueberzeugung auf vielen, heute noch der Thätigkeit des Einzelstaates überlassenen Gebieten die Zukunft gehört, fordert Selbstbeschränkung der Souveränetät zu Gunsten eines höheren, über den Egoismus des Einzelstaates hinausragenden Interesses.[22]) Das hat in Beziehung auf die freie Schifffahrt der Mann erkannt, dem es am meisten zu verdanken ist, dass auf dem Wiener Congresse zum ersten Male in der Geschichte eine Frage des internationalen Verwaltungsrechtes gelöst wurde. Das Project für die

---

[22]) Vgl. Jellinek, Die Lehre von den Staatenverbindungen, S. 158 ff., wo ich die juristische Bedeutung der internationalen Verwaltungsvereine auseinandergesetzt habe.

Organisirung der Rheincommission, welches W. v. Humboldt dem Congress unterbreitete [23], dessen Annahme an dem Souveränetätsdünkel der Uferstaaten scheiterte, setzte dem gemeinsamen Organ einen noch viel weiteren Wirkungskreis, als er irgend einer später errichteten internationalen Behörde zukam. Nach diesem Vorschlage sollte die Centralcommission nicht nur die Ausführung des Reglements überwachen und ausschliesslich die letzte Instanz für Appellationen gegen Urtheile der Schifffahrtsgerichte bilden, sondern auch eine gewisse Oberaufsicht über die Uferstaaten besitzen.[24]) Die Gleichberechtigung der Uferstaaten interpretirt Humboldt dahin, dass er erklärt: *la justice demande que celui qui soumet un plus grand nombre d'intérêts, ait aussi une part plus grande à l'exercice de cette autorité.* Und die Executivbefugnisse der Commission motivirt Humboldt mit der Einheitlichkeit der Wasserstrasse. „*Si l'on crée une autorité pareille, elle ne doit pas être dénuée de tout pouvoir, mais contribuer à traiter en effet, et non en apparence seulement, la rivière comme un ensemble.*"

Indem v. Holtzendorff und Dahn über der Wahrung der Souveränetätsrechte des Einzelstaates die zur Einschränkung der Souveränetät führende Staatengemeinschaft und die auf ihr beruhende fortschreitende

---

[23]) Klüber, Acten des Wiener Congresses III, S. 98 ff.

[24]) Wenn die Uferstaaten die von den Inspectoren constatirten Mängel der Leinpfade oder Versandungen nicht sofort beseitigen, so hat die Commission das Recht, von dem Uferstaat „*qui sera accusé de négligence*" Anfklärungen zu verlangen und an Ort und Stelle eine Untersuchung vorzunehmen. „*Elle portera sur ces éclaircissements ou cet examen une décision, et en enverra l'arrêté à l'état riverain que le cas concerne; et tous les états riverains prennent d'avance l'engagement d'exécuter ces arrêtés.*"

Entwickelung der internationalen Verwaltung übersehen, haben sie wohl den Dank Rumäniens, schwerlich aber den des Völkerrechtes verdient.

VI.

Wenn ich die vorstehenden Erörterungen zusammenfasse, so ergibt sich folgendes:

1. Durch den Beschluss der Londoner Conferenz, die auf die Rechte der Uferstaaten bezüglichen Bestimmungen des Londoner Vertrages erst dann als ausführbar zu erklären, wenn die Adhäsion dieser Staaten erfolgt sein wird, ist den Anforderungen Genüge geschehen, welche das Völkerrecht für die Form des Abschlusses eines Staatenvertrages stellt. So lange durch keinen Gewaltact die Zustimmung Rumäniens zu dem Vertrage erzwungen oder, was auf dasselbe hinausläuft, der bisher nur die Berliner Signatarmächte bindende Vertrag ohne den Beitritt Rumäniens durchgeführt wird, ist vom völkerrechtlichen Standpunkte kein Urtheil zu fällen über Form und Inhalt der diplomatischen Verhandlungen, welche etwa gepflogen werden zu dem Zwecke, um den Widerstand Rumäniens zu besiegen.

2. Die Weigerung Rumäniens, die Verabredungen über die *commission mixte* anzuerkennen, weil diese neue, den Bestimmungen der Wiener Congressacte zuwiderlaufende, die anerkannten Rechte der Uferstaaten verletzende Anordnungen enthält, ist nicht begründet. Für jede der angeblichen Abweichungen von den im Jahre 1815 sanctionirten Grundsätzen des internationalen Flussschifffahrtsrechtes hat sich in der Geschichte der Flusscommissionen seit 1815 ein Präcedens aufweisen

lassen. Das Völkerrecht für sich anzurufen steht dem Staate übel an, der dort, wo es seine Interessen erheischen, dieselben Principien preisgibt, die er da, wo es andere Interessen fordern, als die einzig zu Recht bestehenden hochhält.

Es ist das Interesse Oesterreich-Ungarns, seinen Einfluss an der unteren Donau zu bewahren, zumal so lange dort nur eine provisorische Ordnung der Verhältnisse herrscht und das Interesse Rumäniens, welches sich dem widersetzt. Das Interesse der österreichisch-ungarischen Monarchie ist zum Mindesten kein widerrechtliches und auch die Mittel, durch welche sie dasselbe zu befriedigen trachtet, enthalten nichts Widerrechtliches im Sinne des positiven Völkerrechts.

Somit ist es keine Frage des Rechts, sondern nur der Politik, welchem Interesse der Sieg zuzuerkennen ist. Rumänien kämpft für seine eigene Sache und nicht für die Freiheit der Schifffahrt.

v. Holtzendorff ruft dem österreichisch-ungarischen Reiche zu: *Puissance oblige*. Die erste und nächste Verpflichtung hat aber jeder Staat seinen Unterthanen gegenüber. Der Staat, welcher aus falschem Edelmuthe die Interessen seiner Bürger preisgibt zu Gunsten eines fremden Staates, hört auf, den Staatszweck zu erfüllen. Und je mächtiger ein Staat ist, desto kraftvoller hat er die Interessen seiner Glieder zu schützen. Dazu vor Allem wird ein Staat durch seine Macht verpflichtet. Rumänien mag thun, was in seinen Kräften steht, um dem Willen Europa's zu trotzen. Aber es muss auch dem mächtigen Nachbarreiche das Recht zugestehen, dass es alle erlaubten Mittel aufbietet, um seine Position an der unteren Donau zu bewahren.

Seit Monaten hat man nichts Näheres über den Stand der Donaufrage vernommen. Die Beziehungen Rumäniens zu den Mächten scheinen sich seit der Reise des Königs nach Berlin wesentlich gebessert zu haben. Vielleicht wird durch gegenseitiges Entgegenkommen der Conflict beendet. Dann wird hoffentlich die beste Politik, nämlich jene, welche die eigenen Interessen mit möglicher Schonung der fremden energisch wahrt, auf beiden Seiten den Sieg davontragen.

ANHANG.

I. Traité concernant la navigation du Danube.

Signé à Londres le 10 mars 1883.

Au Nom de Dieu Tout-Puissant!

Les Puissances Signataires du Traité de Berlin ayant jugé nécessaire de réunir leurs Plénipotentiaires en Conférence à Londres, afin de s'entendre sur les décisions à prendre en vertu de l'Article 54 du Traité de Berlin du 13 juillet 1878, et sur l'exécution de l'Article 55 du même Traité concernant la navigation du Danube depuis les Portes de Fer jusqu'à ses embouchures, ont nommé à cet effet pour leurs Plénipotentiaires, savoir (suivent les noms):

Lesquels, après avoir échangé leurs pleins-pouvoirs trouvés en bonne et due forme, sont convenus des Articles suivants:

Art. 1. La juridiction de la Commission européenne du Danube est étendue de Galatz à Braïla.

Art. 2. Les pouvoirs de la Commission européenne sont prolongés pour une période de vingt et un ans à partir du 24 Avril 1883.

A l'expiration de cette période les pouvoirs de la dite Commission seront renouvelés par tacite réconduction de trois en trois ans, sauf le cas où l'une des Hautes Parties contractantes notifierait, un an avant l'expiration de l'une de ces périodes triennales, l'intention de proposer des modifications dans sa constitution ou dans ses pouvoirs.

Art. 3. La Commission européenne n'exercera pas de contrôle effectif sur les parties du bras de Kilia dont les deux rives appartiennent à l'un des Riverains de ce bras.

Art. 4. Pour la partie du bras de Kilia qui traversera à la fois le territoire Russe et le territoire Roumain, et afin d'assurer l'uniformité du régime dans le Bas-Danube, les réglements en vigueur dans le bras de Soulina seront appliqués sous la surveillance des Délégués de Russie et de Roumanie à la Commission européenne.

Art. 5. Au cas où la Russie ou la Roumanie entreprendrait des travaux soit dans le bras mixte, soit entre les deux rives qui leur appartiennent respectivement, l'autorité compétente donnera connaissance à la Commission européenne des plans de ces travaux dans le seul but de constater qu'ils ne portent aucune atteinte à l'état de navigabilité des autres bras.

Les travaux qui ont déjà été exécutés au Tchatal d'Ismaïl restent à la charge et sous le contrôle de la Commission européenne du Danube.

En cas de divergence entre les autorités de la Russie ou de la Roumanie et la Commission européenne quant aux plans des travaux à entreprendre dans le bras de Kilia, ou de divergence au sein de cette Commission quant à l'extension qu'il pourrait convenir de donner aux travaux du Tchatal d'Ismaïl, ces cas seraient soumis directement aux Puissances.

Art. 6. Il est entendu qu'aucune restriction n'entravera le droit de la Russie de prélever des péages destinés à couvrir les frais des travaux entrepris par Elle.

Toutefois, en vue de sauvegarder les intérêts réciproques de la navigation dans le bras de Soulina et le bras de Kilia, le Gouvernement Russe, afin d'assurer une entente à ce sujet, saisira les Gouvernements représentés dans la Commission européenne des Règlements de péage qu'il jugerait utile d'introduire.

Art. 7. Le règlement de Navigation, de Police Fluviale et de Surveillance élaboré le 2 juin 1882, par la Commission européenne du Danube, avec l'assistance des Délégués de la Serbie et de la Bulgarie, est adopté tel qu'il se trouve annexé au présent Traité, et déclaré applicable à la partie du Danube située entre les Portes de Fer et Braïla.

Art. 8. Tous les Traités, Conventions, Actes et Arrangements relatifs au Danube et à ses embouchures sont maintenus dans toutes celles de leurs dispositions qui ne sont pas abrogées ou modifiées par les stipulations qui précèdent.

Art. 9. Le présent Traité sera ratifié, et les ratifications en seront échangées à Londres dans l'espace de six mois, ou plus tôt si faire se peut.

En foi de quoi les Plénipotentiaires respectifs l'ont signé et y ont apposé le sceau de leurs armes.

Fait à Londres, le 10 mars 1883.

II. Annexe au traité de Londres.

Règlement de Navigation, de Police Fluviale et de Surveillance, applicable à la partie du Danube située entre les Portes de Fer et Braïla.

Titre III. Exécution et Surveillance des Règlements.

Art. 96. L'exécution du présent Règlement est placée sous l'autorité d'une Commission dite „Commission mixte du Danube", dans laquelle l'Autriche-Hongrie, la Bulgarie, la Roumanie et la Serbie seront chacune représentées par un Délégué. La présidence de cette Commission appartiendra au Délégué de l'Autriche-Hongrie.

Un membre de la Commission européenne du Danube, désigné pour une période de six mois, par ordre alphabétique des États, prendra part aux travaux de la Commission mixte et jouira, pendant cette participation, de tous les droits appartenant à ses autres membres.

Les États déjà représentés à la Commission mixte ne seront pas compris dans ce roulement alphabétique.

Afin que le membre de la Commission européenne ainsi désigné soit en mesure de prendre part aux délibérations de la Commission mixte, celle-ci lui fera parvenir le programme de ses travaux un mois avant l'ouverture de chaque session.

La Commission européenne, quand elle le jugera utile, pourra demander à la Commission mixte, par l'entremise de son Délégué, les renseignements dont elle aurait besoin concernant celles des décisions de la Commission mixte qui toucheraient à la liberté de la navigation.

Art. 97. Les pouvoirs de la Commission mixte auront une durée égale à ceux de la Commission européenne du Danube, et cette Commission mixte subira, s'il est besoin, les modifications qu'il pourrait devenir nécessaire d'introduire dans sa constitution et dans ses pouvoirs, sous réserve de la co-existence des deux Commissions.

Art. 98. La Commission mixte tiendra chaque année deux sessions ordinaires, qui seront fixées de manière à éviter la réunion simultanée de la Commission mixte et de la Commission européenne.

Ses décisions seront prises à la majorité des voix.

Elle arrêtera elle-même le règlement intérieur pour l'ordre de ses travaux, ainsi que les instructions spéciales à ses agents en vue de l'application du présent règlement, sauf les points sur la solution desquels le présent règlement a statué lui-même. La Commission procédera, dans sa première session à la nomination des agents désignés à l'article 101, sous les numéros 1, 2 et 4.

Toutefois, le règlement intérieur et les instructions d'un caractère général et réglementaire, telles que celles dont il est question dans l'Article 9 de l'Acte-Public du 2 novembre 1865, relatif à la navigation des embouchures du Danube, seront communiqués préalablement à la Commission européenne, et ne seront appliqués qu'après que cette Commission les aura trouvés conformes aux principes qui ont servi de base au présent règlement.

Art. 99. Les frais d'administration seront à la charge des États représentés dans la Commission mixte. Ils y contribueront dans la proportion suivante: l'Autriche-Hongrie pour quatre dixièmes, la Roumanie pour quatre dixièmes et la Bulgarie et la Serbie, chacune, pour un dixième.

A la seconde réunion ordinaire, la Commission mixte fixera son budget pour l'année suivante.

Les contributions des États seront faites d'avance pour chaque semestre. Les amendes perçues pour contravention au présent règlement seront versées dans la caisse de la Commission mixte, pour être affectées aux besoins du service.

Art. 100. Les agents ci-après désignés fonctionneront, chacun dans le ressort qui lui sera assigné, sous les ordres de la Commission mixte, savoir:

1°. Un Inspecteur;

2°. Des Sous-Inspecteurs;

3°. Des Capitaines de Port, pour autant que leur action s'exercera sur la voie fluviale;

4°. Un Secrétaire et des agents subalternes.

Art. 101. Les agents désignés à l'Article précédent seront choisis parmi des personnes compétentes; ils seront nommés et rétribué comme il suit:

L'Inspecteur sera nommé et rétribué par la Commission mixte, ainsi que le Secrétaire et les agents subalternes.

Les Sous-Inspecteurs et Capitaines de Port seront nommés et rétribués par les États Riverains respectifs, lesquels feront part à la Commission mixte de la nomination de ces agents ou de leur remplacement.

Les agents ci-dessus nommés, sauf les Sous-Inspecteurs et les Capitaines de Port, pourront être révoqués par la Commission mixte.

Art. 102. L'Inspecteur est appelé à veiller par voie administrative à la stricte observation des dispositions du présent règlement et à mettre de l'ensemble dans son application.

Sous ce rapport, il est considéré comme directement préposé aux Sous-Inspecteurs et aux Capitaines de Port.

Art. 103. Le Danube entre les Portes de Fer et Braïla sera divisé sur la rive gauche en quatre sections d'inspection; dont

la première s'étendra des Portes de Fer à Beket inclusivement;

la seconde, de Beket jusqu'à Simnitza inclusivement;

la troisième, de Simnitza jusqu'à Calarash-Silistrie;

la quatrième, comprenant les deux rives, de Calarash-Silistrie jusqu'à Braïla exclusivement.

Sur la rive droite il sera divisé en trois sections; dont

la première s'étendra des Portes de Fer jusqu'à l'embouchure du Timok;

la seconde, du Timok jusqu'à Nicopolis inclusivement;

la troisième, de Nicopolis jusqu'à Silistrie inclusivement;

la résidence de chacun des Sous-Inspecteurs sera ultérieurement fixée par les États Riverains de concert avec la Commission mixte.

Art. 104. Les États Riverains prêteront à la Commission mixte et à ses agents tout le concours dont elle pourra avoir besoin dans l'accomplissement de sa tâche.

Art. 105. Les ports ou échelles situés sur le parcours de chaque section fluviale et pour lesquels les États Riverains auront institué des Capitaines de Port, conformément aux dispositions du présent règlement, ne seront pas compris dans le ressort du Sous-Inspecteur de la section. Les ports ou échelles seront placés sous la surveillance des Capitaines de Port, lesquels relèveront directement de l'Inspecteur et seront tenus de suivre ses instructions, pour tout ce qui concernera leur action sur la voie fluviale.

On entend par la dénomination de port, au sens du présent règlement, toute la partie du fleuve comprise entre deux lignes droites partant, normalement aux rives, des limites d'amont et d'aval des dits ports ou échelles et se prolongeant jusqu'au thalweg.

Si la rive opposée appartient au même État, le port comprend également la partie du fleuve située au delà du thalweg entre les deux lignes prolongées jusqu'à la dite rive, à moins toutefois qu'il n'existe sur cette rive, dans les mêmes eaux, un port ou échelle muni d'un Capitaine de Port.

Les bâtiments en cours de navigation et traversant les eaux d'un port sans s'y arrêter, ne sont pas soumis à la juridiction des Capitaines de Port.

Les bâtiments en cours de navigation et traversant les eaux d'un port, sans s'y arrêter, ne sont pas soumis à la juridiction des Capitaines de Port; l'Inspecteur et les Sous-Inspecteurs sont seuls compétents pour agir à l'égard de ces bâtiments.

Art. 106. Les attributions spéciales de la police judiciaire fluviale seront exercées par les Sous Inspecteurs et les Capitaines de Port, par chacun dans son domaine de surveillance, et les appels seront portés devant la Commission mixte qui jugera en dernier ressort.

Si, dans l'exercice de leurs fonctions, les Sous-Inspecteurs avaient à relever des contraventions commises en dehors de leur ressort, ils constateraient ces contraventions et les porteraient à la connaissance du Sous-Inspecteur compétent.

Art. 107. La Commission mixte aura son siège à Giurgevo.

Art. 108. Les articles 1, 2, 3, 6, 7, 8, 9 et 10, ainsi que les Articles 96 à 108 inclusivement du présent règlement, ne pourront être modifiés qu'à la suite d'une entente des Puissances interessées. Les autres Articles ne pourront être modifiés par la Commission mixte qu'avec le concours de la Commission européenne du Danube.